Lib 40
2668

RÉCIT
DE LA MORT
DE
GUILLAUME SIMONNEAU,
MAIRE D'ETAMPES;

Lu le 22 mars 1792, dans la Société patriotique de Dijon,

PAR P. BAILLOT,

AUX GARDES-NATIONALES-VOLONTAIRES
DE LA CORRÈZE.

A DIJON,
DE L'IMPRIMERIE DE P. CAUSSE.
1792.

Passant! va dire a Sparte que nous sommes morts ici pour obéir a ses saintes loix.

Braves de la Corrèze,

Votre passage en nos murs devoit être pour nous ce que fut celui de Saone-et-Loire, une fête de famille; et vous nous trouvez avec les livrées de l'affliction! et le deuil est encore plus au fond de nos ames, que sur nos vêtemens! Mais si la perte que nous déplorons vous est commune; si la nouvelle d'Etampes ne déchire pas moins vos cœurs que les nôtres, quelle touchante occasion de serrer les nœuds fraternels! Venez, pleurons ensemble un de nos freres, offrons ensemble un pieux hommage à son ombre.

Léopold expire : l'autriche revêt avec indifférence les couleurs de la tristesse. Qu'importe en effet chez un peuple asservi, la vie, la mort du *Maître?* Le nom change, le joug reste. Mais sur la terre de la liberté, où la dignité est personnelle, où l'homme a repris ses droits, où les vertus du citoyen sont la propriété nationale, magnanime Simonneau! quand tu tombes assassiné, la Patrie est en deuil, et non l'étiquette.

La liberté française comptoit déja des martyrs : mais nul encore n'avoit péri avec des circonstances plus alarmantes pour la chose publique. Celui dont la Corrèze couvrit des plus nobles fleurs l'urne cinéraire, le crime l'avoit du moins traîné dans l'ombre pour l'immoler ; mais à Etampes... c'est en plein jour, c'est sur la place commune, c'est en face des citoyens, c'est au centre de la force armée, que le magistrat du peuple, revêtu de l'écharpe municipale, et dans l'exercice de ses fonctions sacrées, est égorgé !

Quel triomphe pour Worms et pour Coblentz ! *Le voilà*, disent-ils, *le fruit de cette égalité si vantée !* — *Le joug les importunoit, et ses débris les écrasent.* — *Ils jurent la mort de leurs ennemis, et ne défendent pas même leurs magistrats.* — *Qu'est-il besoin de nous armer ? Ils se détruisent eux-mêmes.*

Non, superbes transfuges dont nos infortunes nourrissent les cruelles espérances, votre attente sera déçue, et les enfans de la liberté seront tôt ou tard dignes d'elle. Ce reste de vapeurs malfaisantes d'un sol si long-temps noyé sous des eaux stériles et mortes, disparoîtra aux rayons du jour. La digue récemment fondée ne croule pas, pour quelques vagues qui la couvrent encore. S'il est des lâches, la majorité est dévouée ; et nos têtes, avant qu'on les replie sous le joug, se seront brisées contre. — Entendez ce mot d'un de nos jeunes concitoyens : *Il a péri seul !....* *cette ville n'a donc point de patriotes ?* Le sang de la victime d'Etampes crie au fond de nous plus haut que tous les reproches : mais enfin, les fautes sont personnelles, la gloire seule est commune. Nous ne sommes pas d'Etampes, nous sommes FRANÇAIS, et c'est un Français qui est mort pour la loi !.... J'essuie mes larmes. Hommes libres ! honorons sa mémoire en contant son action. — *Vos regrets ne le feront pas revivre...* Hé bien ! nous l'aurons pour modele ; contons, redisons son action ; son souvenir multipliera ses semblables, et heureux qui sera le premier !

Un vil ramas d'inconnus, traînant après soi les campagnes voisines, a pénétré dans Etampes. Ils ont des massues, des haches, des fusils. Ils se sont emparés des portes des églises pour qu'on ne sonnât pas au tocsin. Errans dans les rues, et menaçant de leurs farouches regards le commerce, ils s'ameutent sur la place du marché.

Et quel est le motif ou le prétexte de ce coupable attroupement ? Le haut prix, momentané, des denrées. — Baissera-t-il donc par des violences aux personnes, par des attentats à la propriété ? Quand vous m'aurez foulé aux pieds, serois-je plus disposé à vous amener mon grain ? Et le commerce ne s'enfuit-il pas de tout lieu où l'échange est forcé? C'est obvier à la disette par la famine.

Le maire, au premier bruit, s'étoit assuré de la troupe de ligne, avoit distribué des cartouches, et pris les précautions que le zèle et le sentiment du devoir inspirent. Pendant plusieurs heures, secondé de ses dignes collegues, il exhorte, il menace, il conjure; il multiplie ses tentatives pour calmer le tumulte et l'agitation.... Vains efforts! il fait battre la générale : — *Aux armes, aux armes, citoyens, force à la loi* .... et CINQ seulement se présentent!

Malheureux que la crainte, l'apathie, ou de fausses et perfides combinaisons retiennent immobiles dans le péril commun, réveillez-vous, réveillez-vous, vous dormez sur l'Etna. Si le magistrat de votre choix, si l'homme de la loi, vous le laissez être victime, qui voudra lui servir d'organe? Le zèle va s'éteindre, le découragement se propager, l'égoïsme renaître, l'égoïsme ce ver solitaire de la liberté publique!... Plus de patrie! tendons la gorge aux couteaux. — Loin, loin d'une terre libre ces êtres amphibies, ces caméléons politiques qui changent de couleur selon le vent, et qui se cachent lorsqu'il faut paroître! AU CRI DE LA PUBLIQUE ALARME, LACHE, PARRICIDE

QUI RERTE CHEZ SOI : le devoir, la vie est de se jeter entre la loi et ses aggresseurs, et de lui faire de nos corps un rempart inexpugnable.

Les clameurs augmentent. L'intrépide SIMONNEAU s'élance, une derniere fois, de la maison commune vers la place. Quelques amis, tremblant pour sa vie, cherchent à le retenir : *Ah! répond-il, il ne s'agit pas de vivre, mais d'être libres; et le serons-nous, si l'anarchie tue la loi?* Ses collegues l'ont suivi ; il est au centre d'un détachement de cavalerie. Tout-à-coup une évolution à contre-sens, le livre seul et à découvert, à la furie de l'émeute. Des voix féroces le pressent de taxer le bled à un prix inférieur... il a le courage de refuser. Un scélérat le couche en joue : *Taxe, ou feu*.... LA LOI ME LE DÉFEND. VOUS POUVEZ ME TUER, MAIS JE MOURRAI A MON POSTE. O parole qui rappelle le civisme antique, et qui honore notre ere glorieuse! sommes-nous dans Rome ou à Sparte?... Je grandis en l'écoutant. — Après une émotion si pure, si ranimante... il faut donc redescendre au Tartare!

Il est frappé d'un coup de massue à la tête ; chancelant, tombé sur ses genoux, pendant qu'il s'écrie : *A moi, à moi mes amis*, un coup de feu l'atteint..... Braves de la CORRÈZE, SAONE-ET-LOIRE, CÔTE-D'OR, ah! où étiez-vous? Non,

non, j'en atteste ces larmes, non, il n'eût pas succombé, ou vous eussiez tous péri.

Les cavaliers ont disparu ; la horde sauvage triomphe. Elle le crible de coups de feu, et défile au son du tambour, en hurlant : *vive la nation!* — Tigres ivres de sang, qui voulez que la nation vive quand vous l'assassinez dans son magistrat, venez donc, pour qu'elle vive en effet, expirer sur l'échafaud.

Voilà donc la récompense des vertus civiques! Pere de famille estimé, citoyen probre et d'une industrie utile à son pays, il nourrissoit dans ses atteliers une foule d'hommes laborieux.—L'horrible nouvelle y circule.... O désespoir ! Lorsqu'il les quitta, tous, agités de pressentimens secrets, s'étoient offerts à le suivre, et n'avoient cédé qu'à regret aux ordres d'un maître chéri..... Ils accourent, il n'est plus temps; leurs gémissemens frappent l'air, et leurs yeux voudroient méconnoître le corps défiguré.

Son épouse... ah Dieux! femme infortunée!... nos larmes coulent avec les tiennes, et ton deuil est celui de tous les Français. — Mais si le plus juste désespoir souffre des bornes; si après les premiers momens donnés à la nature, ta douleur ne rejette pas toute consolation.... citoyenne ! il t'en reste une. — Hélas! une maladie, un accident quelconque pouvoit t'enlever aussi prématurément celui que tu pleures ; mais qui t'enlevera le souvenir qu'il est mort pour la loi? Cette place où est tombée la victime civique, c'est à tes concitoyens à la fuir, ils y sont accoutumés. Mais toi !.... entends-y la nation, dans un attendrissement sublime, dire à l'Europe, en montrant ton époux : Elles sont donc chères a l'homme de bien ces loix pour lesquelles il ne craint pas de mourir (1)! Vois tous les âges entourer, vénérer le marbre que la reconnoissance y érige à ses mânes, et répéter en y lisant son nom : *Il nous apprit à être citoyens.* Laisse, laisse donc la gloire essuyer avec son bandeau tes larmes ; et sur-tout gardes-toi de quitter Etampes : l'épouse de Léonidas eût habité avec fierté les Thermopyles.

Et toi son fils, devenu plus intimement notre frere, toi qui entendant la calomnie accuser du meurtre de ton pere les Jacobins, as répondu tout en pleurs : *Comment cela se pourroit-il, mon pere étoit* Jacobin? Toi qui, sur le champ, as renoncé aux études agréables, pour le remplacer dans ses atteliers ; intéressant jeune homme,

---

(1) Paroles du vertueux Jean de Bry, dans son rapport sur Etampes.

tu le remplaceras de même aux yeux de la patrie ; et par-tout, sa gloire te couvrira de ses rayons. Si jamais tes pas se dirigeoient vers nos murs, quelle fête religieuse pour nous ! Il nous sembleroit nous acquitter envers lui, en l'honorant dans toi-même ; et ces vaines expressions de regrets qu'il ne peut entendre, si tu étois présent, nous ne l'y croirions plus insensible.

Mais le même sentiment de justice qui nous fait vénérer le sang généreusement versé pour la loi, nous souleve contre ceux qui l'ont laissé répandre : ou plutôt, amis et freres, n'aggravons pas l'infortune de la malheureuse Etampes. Oui, dans les premiers momens, nous nous indignions que ses enfans, après s'être entendu dire : *Ce n'est pas la force qui vous a manqué, mais le courage,* conservassent le vêtement national : mais le fatal événement a-t-il en effet dépendu d'eux ? la générale n'a-t-elle pas été battue trop tard ? le généreux maire n'a-t-il pas eu trop de confiance en la force armée ? la noble crainte d'exposer la vie de ses concitoyens, ne lui a-t-elle pas fait risquer la sienne ? Supposons tout, avant de croire nos freres coupables. Et puis, ne sont-ils pas assez punis ? et cette colonne expiatoire et funebre n'est-elle pas pour eux le serpent du remords qui se dresse sur leur conscience ?

— *Mais ces cavaliers qui avoient des armes, qui pouvoient le défendre, qui étoient chargés de le défendre, et qui abandonnent leur poste pendant qu'il expiroit au sien!....*

Amis et freres, nulle preuve légale ne les inculpe.

— *Ah! qu'il paroisse celui qui, à la nouvelle d'Etampes, ne s'est pas demandé à lui-même, à quoi donc avoient servi ces quatre-vingt cavaliers?*

Amis et freres, nulle preuve....

—*Quoi! sous leurs yeux, le* MAIRE *est indignement massacré, le procureur de la commune est blessé, un autre citoyen l'est aussi; et eux-mêmes se retirent sans l'être, et ils laissent le champ libre aux assassins, et rien n'offre des traces de leur résistance! — Au défaut des tribunaux, nos voix de proche en proche les signaleront; nous les poursuivrons à la barre de l'opinion publique; et l'honneur national les.....*

Arrêtez, au nom de ce même honneur, arrêtez... le corps valeureux et dévoué auquel ils appartiennent partageoit votre indignation, et son premier vœu, comme le vôtre, étoit de les repousser de son sein. Mais les municipaux d'Etampes eux-mêmes se levent et vous disent : *Il n'est que trop vrai, notre généreux maire a péri, et son digne collegue a été blessé ; et cela, par une fatalité de circonstances qu'on n'a pu ni dû prévoir. Mais ces mêmes hommes à qui vous voulez ôter l'honneur, nous leur devons la vie. Leur chef personnellement a été plusieurs fois couché en joue ; et sa fermeté active, imposante, nous a sauvés.* — Que répondre, éloignés comme nous sommes du lieu de la scene, et sans autres renseignemens que des feuilles, échos plus ou moins infideles de passions opposées ? — Il n'est, dans cette incertitude, qu'un parti digne de nous, digne de FRANÇAIS ; c'est de juger les autres par soi, c'est de résister à l'apparence, et de ne pas présumer coupable, quand le délit n'est pas prouvé. Eh ! quel regret n'aurions-nous pas, si on alloit nous convaincre d'avoir flétri ceux qui avoient fait leur devoir ? Voyez-les ces guerriers, de concert avec leurs compagnons d'armes, calmer heureusement l'émeute de Fontainebleau ; pourquoi les mêmes motifs ne les auroient-ils pas animés dans Etampes ? Eloignons donc ces idées pénibles. N'avons-nous pas assez de notre douleur ? Amis et freres, que nos larmes coulent pures sur l'homme de bien immolé pour la loi ; et que cet hommage que nous lui rendons soit l'effusion de nos sentimens les plus chers, les regrets de l'attachement fraternel, et non un cri de vengeance.

Vous dont, en ce moment, l'honorable sensibilité ajoute à la nôtre; vous dont la vue ici nous rassure contre de pareils désastres, braves de la Corrèze, aujourd'hui nos hôtes, et demain nos voisins, la proximité de votre nouveau séjour répond à nos murs d'une tranquillité durable.

Dijon jusqu'ici (Dieu des êtres libres, veille ainsi toujours sur elle! elle a bien assez de ses pertes (1)); Dijon, au milieu des scenes atroces qui ont taché de sang tant d'autres villes, leve encore ses mains pures, et n'a versé des larmes que sur les malheurs des autres..... (Une vive émo-

---

(1) Peu de villes en ont fait de plus grandes et avec moins d'espoir de les réparer. Au signal de la révolution, elle s'est lévée l'une des premieres pour la liberté. Eloignée des relations commerciales, et n'ayant d'existence que par les établissemens de l'ancien régime, elle a détourné la vue de ses pertes personnelles, pour n'envisager que l'intérêt général. Un dédommagement, le SEUL possible pour elle, alloit la ranimer. Son site riant, son air salubre, sa population moyenne, son langage pur, sa réputation de VILLE ADONNÉE AUX LETTRES, ses hommes célebres, dont le nombre feroit soupçonner son sol de quelque vertu propre à féconder les talens; son académie devinant et couronnant J. J. ROUSSEAU ; ses cours publics, son école de dessin, son college richement doté, et comptant parmi ses éleves BOSSUET, CRÉBILLON, PIRON, BUFFON, MORVEAU, etc. Ses bibliotheques, ses édifices vastes, et désormais vuides et déserts, TOUT ap-

tion a interrompu). Poursuis, ô cité chérie! sois ainsi toujours digne de toi-même, toujours la ville que les lettres éclairent, grande et calme dans la détresse, comme intrépide, indomptable dans la lutte de la liberté. — Non, non, braves de la Corrèze, nous ne vous appellerons parmi nous que pour la joie de nos fêtes civiques, que pour le retour de nos freres vainqueurs, que pour le glorieux et paisible triomphe de la liberté. Oh! que son heure ne sonne-t-elle, que toutes les haines ne soient-elles éteintes, et la réunion de tous les Français couronner le commun bonheur!

---

pelloit naturellement dans son enceinte un des sept grands lycées. Et voilà qu'on la menace de lui préférer une VILLE DE COMMERCE! Et celle-ci n'a sur elle, à cet égard, d'autres avantages qu'une population plus nombreuse, c'est-à-dire, une corruption plus grande, un air plus vicié, une vie plus dispendieuse, plus dissipée! Ah! de bonne foi, l'esprit commercial a-t-il jamais été, peut-il être compatible avec celui des lettres? Ces écoles, ce lycée si florissant dans Athenes, ne se seroient-ils pas changés à Corinthe en comptoirs? Chaque ville n'a-t-elle pas, comme chaque terrain, sa destination propre; et toute impulsion inverse du cours naturel, ne tourne-t-elle pas au détriment social? — Vous qui lisez ces lignes, s'il en est temps encore, parlez, éclairez la sagesse nationale; il y va de l'intérêt commun, et le sort de la liberté tient plus qu'on ne pense à placer sur leur sol naturel les grands établissemens de l'instruction publique.

La lecture finissoit à peine, que, d'après l'exemple donné par le commandant des gardes nationales-volontaires de la Corrèze, tous les sabres ont été tirés, tous les emblêmes de la liberté élevés en l'air sur la pointe des armes, toute la salle a retenti des plus touchantes assurances de dévouement à la patrie, et d'une mutuelle fraternité; et ce spectacle, tout à la fois pittoresque, attendrissant et guerrier, nous a rappellé la maniere dont nos peres, ces GAULOIS si francs, si braves, contractoient leurs alliances, et serroient les nœuds de l'hospitalité.

www.ingramcontent.com/pod-product-compliance
Lightning Source LLC
Chambersburg PA
CBHW061615040426
42450CB00010B/2498